INSTRUCTION

POUR

LES REVUES

D'INSPECTION GÉNÉRALE.

CORPS D'INFANTERIE.

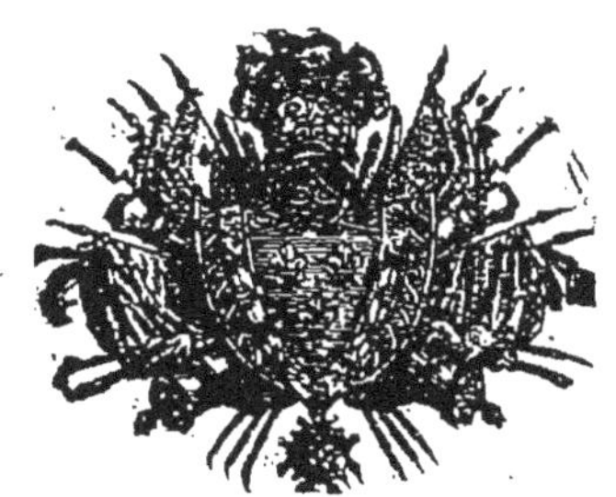

PARIS,

Chez F. G. Levrault, rue des Fossés M. le Prince, N.° 33,
et rue des Juifs, N.° 33, à STRASBOURG.

1821.

INSTRUCTION

POUR

LES REVUES D'INSPECTION GÉNÉRALE

D'INFANTERIE.

DE PAR LE ROI.

Sa Majesté, voulant établir la plus parfaite uniformité dans l'instruction, la police et la discipline, le service, la tenue et l'administration de ses troupes, a pensé que le meilleur moyen de parvenir à ce but était de faire passer régulièrement, chaque année, des revues d'inspection générale par des officiers généraux désignés à cet effet, afin de s'assurer si les ordonnances et réglemens relatifs à l'organisation et à l'administration sont ponctuellement exécutés; d'empêcher que, sous aucun prétexte, il y soit fait le moindre changement; de rappeler à leurs devoirs les chefs de corps et les conseils d'administration qui s'en seraient écartés; de faire connaitre les besoins des corps dans tous les genres; de prononcer sur le sort des militaires qui ne sont plus en état de servir; de proposer pour des récompenses ceux qui en seront susceptibles, et de faire généralement toutes les propositions qui résulteront de l'examen du personnel et de l'administration.

Sa Majesté a pensé aussi que, pour obtenir le résultat qu'il y a lieu d'espérer de l'inspection générale de ses troupes, il était indispensable d'arrêter une instruction spéciale et définitive pour guider les inspecteurs généraux dans les fonctions qui leur sont confiées.

En conséquence, Sa Majesté a ordonné et ordonne ce qui suit :

DISPOSITIONS GÉNÉRALES.

Art. 1.ᵉʳ Il y aura, chaque année, une revue d'inspection générale des troupes d'infanterie.

Art. 2. Le ministre de la guerre déterminera l'époque à laquelle devra commencer l'inspection et celle à laquelle elle devra être terminée, de manière que l'inspecteur reste, autant que possible, quinze jours auprès de chaque régiment.

Art. 3. Les honneurs dont jouiront les inspecteurs généraux dans leurs arrondissemens et pendant la durée de leur inspection, seront les mêmes que ceux des généraux employés dans leur grade.

Art. 4. Les inspecteurs généraux vérifieront si les ordonnances et réglemens relatifs aux diverses parties du service sont observés ponctuellement; ils feront connaître les besoins des corps en tout genre, prononceront sur le sort des militaires qui ne sont plus en état de servir, et proposeront pour des récompenses ceux qu'ils en jugeront susceptibles; enfin, ils feront toutes les propositions qui résulteront de l'examen du personnel, du matériel et de l'administration.

Art. 5. L'inspecteur général sera accompagné par l'intendant militaire de la division, lorsque le service habituel de ce fonctionnaire ne s'y opposera pas. Dans le cas contraire, l'inspecteur général sera accompagné par le sous-intendant militaire, qui lui fournira tous les documens relatifs à l'administration et à la comptabilité.

A cet effet, les intendans militaires auront dû procéder à l'avance à l'examen de toutes les opérations administratives et de comptabilité des corps de leur arrondissement pendant l'année précédente.

Ils assembleront les conseils d'administration, s'assureront que les sous-intendans militaires ont arrêté régulièrement, à la fin de chaque trimestre, tous les registres de la comptabilité, tant en deniers qu'en matières, en feront établir la situation pour l'année entière, et en arrêteront tous les résultats.

Des instructions particulières seront données auxdits intendans militaires, pour leur tracer la marche qu'ils auront à suivre dans leurs opérations, et pour que le résumé de leur travail présente, sur l'administration et la comptabilité des corps, tous les détails dont les inspecteurs généraux auront besoin pour fixer leur opinion sur le personnel des membres des conseils d'administration et des officiers chargés des divers détails, et pour pouvoir approuver toutes les opérations de l'administration des corps.

Art. 6. Au surplus, l'inspecteur général est autorisé à se faire fournir, par qui il appartiendra, tous les renseignemens dont il aura besoin. Le ministre secrétaire d'état de la guerre donnera ses ordres à cet égard aux lieutenans généraux commandant les divisions et aux intendans militaires.

Dispositions préliminaires à la Revue d'inspection.

Art. 7. L'inspecteur général, à moins d'ordres contraires du ministre, préviendra de son arrivée les lieutenans généraux commandant les divisions militaires comprises, en tout ou en partie, dans son arrondissement; il leur fera connaître approximativement les époques auxquelles il présumera pouvoir se rendre près des corps stationnés dans leurs divisions.

Il en préviendra également les chefs des corps, leur adressera les instructions nécessaires, et tels ordres qu'il jugera convenables concernant les revues d'inspection, de manière qu'il n'ait plus que les vérifications à faire au moment de la revue.

Il se concertera avec les lieutenans généraux commandant les divisions militaires, ou les maréchaux-de-camp commandant les subdivisions, sur l'époque à laquelle il pourra passer la revue des corps sans contrarier les autres dispositions du service.

Art. 8. Le jour de la revue étant fixé, l'inspecteur général en donnera avis au lieutenant de Roi et à l'intendant militaire, afin que ce dernier puisse y assister et lui fournir les renseignemens dont il pourra avoir besoin dans le cours de ses opérations.

Art. 9. Les officiers d'artillerie dont l'inspecteur général pourra avoir besoin pour l'examen des armes, seront mis à sa disposition par le ministre secrétaire d'état de la guerre.

Il se fera accompagner, dans la visite des établissemens militaires, par un officier du génie, s'il s'en trouve sur les lieux

Art. 10. Les chefs de corps, informés de l'arrivée de l'inspecteur général, passeront une revue préliminaire, et feront ensuite établir, avec la plus grande exactitude, tous les états dont les modèles seront annexés au livret d'inspection ou leur seront adressés séparément.

Art. 11. Aussisôt après son arrivée, l'inspecteur général fera demander au chef du corps les livrets d'inspection des dernières années, les registres des punitions des officiers, ainsi que ceux des compagnies; le livre d'ordre, l'état nominatif des officiers et celui des sous-officiers, contenant les diverses notes et les renseignemens sur chacun, et dans lequel ces officiers et sous-officiers seront classés par grade et ancienneté de grade, en commençant par l'état-major : le chef du corps lui remettra en même temps un état de situation conforme au modèle annexé au livret.

Art. 12. Après avoir examiné ces divers objets, l'inspecteur général réunira les officiers supérieurs, afin de s'assurer que les ordres laissés par le dernier inspecteur général ont été exécutés et que les états demandés sont établis. S'il remarque de la négligence de la part de quelques officiers, il réprimandera ceux qui s'en seraient rendus coupables, et les punira selon l'exigence des cas. Il en rendra compte au ministre, quand cela lui paraîtra nécessaire.

Art. 13. Il se fera donner tous les éclaircissemens que l'examen des livres d'ordre et de punitions rendra nécessaires, ainsi que tous les renseignemens qu'il croira utiles sur l'état des diverses parties du service.

Art. 14. L'inspecteur général pourra en outre prescrire tout ce qu'il jugera propre à éclairer sur la manière dont le corps sert habituellement.

Art. 15. Tout étant disposé conformément aux articles précédens, l'inspecteur général procédera à la revue de la manière suivante.

EXPOSÉ SOMMAIRE

Des diverses opérations dont se compose la revue d'inspection, et de l'ordre dans lequel elles auront lieu.

Art. 16. Les opérations de la revue de l'inspecteur général se composeront des objets ci-après, et auront lieu dans l'or-

dre suivant, autant que le temps et les circonstances le per-
mettront :

1.° Revue d'ensemble;
2.° Examen de l'instruction théorique;
3.° Examen de l'instruction pratique;
4.° Revue de détail des hommes, et application de la théorie
aux détails intérieurs d'administration des compagnies;
5.° Vérification et arrêté de la comptabilité;
6.° Visite des établissemens militaires;
7.° Clôture de la revue.

REVUE D'ENSEMBLE.

Art. 17. L'inspecteur général déterminera l'heure et le lieu
où il passera la revue; la troupe sera dans la tenue qu'il aura
prescrite.

Art. 18. Il se rendra sur le terrain, accompagné de l'intendant ou sous-intendant militaire, et passera la revue du
régiment. La troupe sera en bataille, et il en parcourra le
front de la droite à la gauche pour juger de l'ensemble; il
donnera ensuite ses ordres au colonel pour faire rompre par
compagnie.

Art. 19. Les hommes seront par rang de contrôle, les officiers et sous-officiers étant à la droite du peloton. Le grand
et le petit état-major se réuniront à la tête du régiment.

Art. 20. Le major, pour l'état-major, et chaque capitaine,
pour sa compagnie, lui remettront un contrôle nominatif
indiquant les présens et les absens, et portant une récapitu-
lation; l'inspecteur général fera compter les hommes présens,
et en comparera le nombre avec la situation.

Il fera lui-même l'appel des officiers, et fera faire celui
des sous-officiers et soldats par le sergent-major. Chaque
homme nommé répondra : *Présent.* Ce sergent-major répondra pour les absens, et expliquera les motifs de l'absence.

Art. 21. Le chef du corps, le commandant du bataillon, le
major, le commandant de la compagnie et le chirurgien-major
accompagneront l'inspecteur général, afin de répondre aux
questions qu'il aurait à leur adresser.

Le major fera porter sur le terrain les contrôles annuels,
pour que l'inspecteur général puisse y faire telle vérification
qu'il jugera convenable.

Art. 22. La compagnie dont l'inspecteur général passera la revue sera au port d'armes, les autres seront au repos et devront observer le silence.

Art. 23. L'inspecteur général constatera dans cette revue l'effectif du corps.

Il s'assurera que l'organisation, quant aux officiers, sous-officiers, musiciens, chefs-ouvriers, tambours et enfans de troupe, est conforme aux ordonnances; il examinera soigneusement la tenue, le port d'armes et la position sous les armes, la taille et la conformation de chaque homme, ainsi que l'état de l'armement, de l'habillement et de l'équipement. Il remarquera si l'uniformité règne dans l'habillement, la tenue générale du corps; si l'on observe rigoureusement à cet égard les dispositions prescrites pour l'arme; si, dans l'habillement et l'équipement des officiers et de la troupe, on n'a point introduit des objets de fantaisie non autorisés par les ordonnances.

Si quelques changemens ou innovations ont été faits, il ordonnera de les faire disparaître sur-le-champ; et s'ils sont relatifs à la tenue, il les fera détruire en sa présence, ou y fera remédier aux frais de ceux qui les auraient ordonnés ou tolérés; dans ce cas, il sévira contre ces derniers et les signalera dans son rapport.

Examen de l'instruction théorique des Officiers, Sous-officiers et Caporaux.

Art. 24. L'inspecteur général réunira les officiers du même grade, et les interrogera ou fera interroger en sa présence sur la théorie des manœuvres, et sur les lois, ordonnances et réglemens qu'ils doivent connaître, chacun suivant les fonctions qu'il a été appelé à remplir.

Art. 25. Il fera réunir ensuite les sous-officiers et caporaux, également par grade, et les fera interroger, par ceux qui sont chargés de l'instruction, sur les connaissances exigées d'eux.

Il s'assurera jusqu'à quel point les officiers, sous-officiers et caporaux connaissent le service intérieur des places et de campagne.

Art. 26. Il prendra des notes sur le degré d'instruction de

chacun, et les comparera avec celles qui auront été données par le chef du corps.

Examen des Aides-majors du Corps royal d'État-major attachés aux Régimens.

Art. 27. L'inspecteur général examinera les aides-majors sur les exercices et manœuvres, sur le service, la police et l'administration des troupes de l'arme dans laquelle ils sont momentanément employés.

Art. 28. Il les examinera aussi sur les connaissances exigées des officiers d'état-major, et d'après le programme qui aura été envoyé à cet effet aux chefs de corps. Un exemplaire de ce programme sera remis à l'inspecteur général.

Art. 29. L'inspecteur général prendra les mesures nécessaires pour s'assurer du mérite et de l'exactitude de leur travail, qu'il transmettra au ministre de la guerre, avec son avis et ses notes sur les connaissances, la conduité de ces officiers et les espérances qu'ils peuvent donner.

Art. 30. Il s'assurera que l'on se conforme aux dispositions du réglement du 28 Avril 1819, et se fera rendre compte, par le commandant du corps, des moyens qu'il aura employés pour son exécution.

Examen de l'Instruction pratique.

Art. 31. L'inspecteur général, pour s'assurer que les principes sont exactement suivis, commencera son opération par l'examen des classes d'instruction, telles qu'elles sont établies dans le corps ; par ce moyen, il acquerra la certitude qu'on exécute l'ordonnance de 1791, et que les hommes ne passent pas trop rapidement d'une classe inférieure à une classe supérieure.

Il ne tolérera aucune innovation ni modification, et réprimandera sévèrement ceux qui se seraient écartés de l'ordonnance.

Art. 32. Il réunira les officiers, sous-officiers et caporaux en pelotons séparés, afin de s'assurer qu'ils ont le degré d'instruction nécessaire, et que chacun d'eux est en état d'exécuter lui-même ce qu'il doit exiger de ses subordonnés.

Il fera commander tous les officiers, portera une attention particulière au ton de commandement, et prescrira ce qu'il croira nécessaire pour le rendre uniforme et d'une exécution simultanée. Il surveillera aussi les sous-officiers dans leurs fonctions de guides.

Enfin il ne négligera aucun moyen de détail pour s'assurer du soin, du zèle et de la bonne direction que l'on donne à l'instruction individuelle.

Après avoir examiné si les principes ont été bien observés dans tous les détails, il fera exécuter l'école de bataillon, les manœuvres et les évolutions de ligne, afin de juger du degré d'instruction par le plus ou moins de précision et d'ensemble qu'il remarquera dans les mouvemens et le maniement des armes.

Art. 33. L'inspecteur général ayant ainsi examiné l'état de l'instruction dans ses diverses parti·s, il le comparera avec les notes qu'il aura prises sur les individus dans l'examen de l'instruction théorique, afin de fixer son opinion sur chacun d'eux, et d'en rendre au ministre un compte exact et précis.

REVUE DE DÉTAIL.

Exposé sommaire des Opérations dont se composera cette Revue.

Art. 34. La revue de détail aura pour objet,

1.º L'examen des livres de détail des compagnies, des livrets et de la situation des masses, la composition du sac des soldats et les diverses parties de l'habillement, de l'équipement et de l'armement;

2.º L'examen des hommes de recrue admis au corps depuis la dernière inspection, et de ceux qui n'y auraient pas été présens à cette époque;

3.º Celui des remplaçans dans la même position;

4.º Celui des enrôlés volontaires dans la même position;

5.º Celui des hommes venus d'autres corps et de ceux rengagés depuis la dernière inspection;

6.º De statuer sur les demandes d'admission à l'hôtel royal des invalides;

7.° Sur celles d'admission à la retraite;

8.° Sur celles d'admission dans les compagnies sédentaires;

9.° De prononcer sur les hommes proposés pour être réformés;

10.° L'examen des sous-officiers et caporaux désignés pour être cassés, ou qui l'ont été depuis la dernière inspection, et des jugemens rendus par le conseil de discipline;

11.° Celui des hommes proposés pour changer d'arme ou de corps;

12.° Celui des sous-officiers et caporaux nommés depuis la dernière inspection;

13.° Celui des hommes qui demandent à passer dans la garde royale;

14.° Celui des hommes qui demandent à passer dans la gendarmerie;

15.° Celui des hommes ayant droit à leur congé à la fin de l'année;

16.° Celui des hommes qui demandent à aller en semestre;

17.° Celui des enfans de troupe;

18.° Celui des militaires qui jouissent de la haute-paie par ancienneté de service ou premier rengagement;

19.° Celui des officiers et sous-officiers qui demandent à passer dans les gardes-du-corps du Roi ou de Monsieur;

20.° Celui des officiers susceptibles de passer dans la garde royale.

L'inspecteur général aura en outre à examiner la tenue des chambrées et des livrets d'ordinaire; l'état des salles de police, des écoles régimentaires, ainsi que celui des ateliers et magasins du corps.

Ordre de la Revue de détail.

Art. 35. La revue de détail se composant d'opérations longues et multipliées, qui nécessitent l'emploi de plusieurs jours, l'inspecteur général déterminera chaque jour, par un ordre, sur quelle partie se portera son examen.

Art. 36. Les diverses opérations de la revue de détail auront lieu, autant que possible, au quartier; le sous-intendant militaire devra s'y trouver; l'inspecteur général le préviendra à cet effet : la troupe sera dans la tenue qu'il aura prescrite.

I.ʳᵉ PARTIE DE LA REVUE DE DÉTAIL.

*Examen des Livres de détail, Livrets du soldat,
Situation des masses, des effets d'habillement,
grand et petit équipement, et d'armement.*

Art. 37. Les bataillons, étant réunis, seront formés en co-
lonne par compagnie, sur un rang, les officiers, sous-officiers et caporaux à la droite de leur section, subdivision
et escouade, afin de répondre aux questions qui pourraient
leur être adressées.

L'appel sera fait dans cet ordre.

La compagnie formée ainsi, l'inspecteur général ordonnera que les sacs soient mis à terre, et ouverts de manière
à pouvoir vérifier ce qu'ils contiennent.

Art. 38. Chaque commandant de compagnie devra faire
porter sur le terrain tous les effets qui devront être l'objet
de la revue du jour, ainsi que les livres de détail de sa
compagnie. Il remettra à l'inspecteur général, 1.° une situation sommaire des effets d'habillement, grand et petit équipement et armement en service dans la compagnie ; 2.° un
état nominatif et détaillé du petit équipement, indiquant la
situation de la masse à la fin du dernier trimestre ; 3.° l'état
nominatif des travailleurs et des hommes qui ont fait leur
service, pour s'assurer de l'exécution des dispositions de
l'article 525 et suivans du réglement du 13 Mai 1818.

Ces états seront établis par rang de section.

Art. 39. Le major donnera des ordres pour que les officiers comptables portent sur le terrain tous les modèles des
effets soumis à l'examen de l'inspecteur général, ainsi que
tous les registres et comptes ouverts avec les compagnies, et
qui pourraient être nécessaires aux vérifications qu'il jugerait
utiles.

Art. 40. L'inspecteur général s'assurera si les livres de détail
sont à jour, s'ils sont régulièrement tenus, et si les comptes
de chaque homme ont été arrêtés. Il vérifiera si les hommes
sont pourvus de tous les effets qu'ils doivent avoir, si le dé-
compte leur est fait exactement ; si les livrets sont tenus avec
ordre, régularité, et s'ils sont en harmonie avec les livres

de compagnie et le compte ouvert de chaque homme, et avec ceux du capitaine d'habillement.

Il vérifiera si les effets de linge et chaussure sont de bonne qualité, et s'ils n'excèdent pas le prix fixé par le tarif.

Il portera en outre son attention sur les effets d'habillement et d'équipement, et s'assurera que les dépenses pour réparations de ces effets ont été réellement faites. Il examinera avec une attention plus particulière l'état d'entretien des armes et du grand équipement.

Si, dans la revue d'ensemble, l'inspecteur général a été dans le cas de juger qu'on s'est écarté des réglemens, quant à l'uniforme et à la tenue, il y portera encore plus d'attention dans la revue de détail, et il punira, s'il y a lieu, les chefs de corps qui auraient prescrit ou toléré ces changemens.

Art. 41. Il recevra les réclamations qui pourraient lui être adressées, et y fera droit s'il y a lieu. S'il remarque qu'il ait été délivré aux soldats des effets dont l'usage n'est point autorisé, dont la qualité est inférieure aux échantillons, et dont le prix est au-dessus de celui fixé, il sévira contre ceux des officiers du corps qui en auraient ordonné la distribution ou toléré l'usage, sans autorisation légale. Dans le cas même où cela aurait été autorisé, il rendra compte au ministre des motifs et lui fera connaître son opinion.

Enfin, il s'assurera que tous les effets en service sont marqués et numérotés.

Art. 42. L'état sommaire des effets d'habillement et de grand équipement qui sera remis à l'inspecteur général, indiquera le nombre de ceux qui sont à la fin de leur durée, et de ceux qui, ne l'ayant point atteinte, seraient à remplacer avant le temps, afin qu'il puisse constater les motifs de la prompte détérioration de ces effets, et vérifier si elle provient du peu de soin qu'on en a eu, ou de la mauvaise qualité des matières.

Il rappellera aux capitaines qu'aux termes des réglemens, et notamment des circulaires des 26 Août 1820 et 4 Juin 1821, les effets d'habillement et de grand équipement qui n'ont pas atteint le terme de leur durée légale, ne peuvent être remplacés aux frais de l'État, que dans le seul cas où leur détérioration anticipée a été causée par un événement de force majeure, dûment constaté.

Si des effets sont dans ce cas, il s'en fera remettre l'état, qu'il approuvera après s'être assuré de son exactitude, et qu'il laissera au conseil d'administration du corps, pour être adressé au ministre à l'appui des demandes prescrites par la circulaire du 4 Juin 1821.

S'il reconnaît la nécessité de remplacer, avant le terme de leur durée légale, des effets dont la mise hors de service ne serait pas le résultat d'un événement de force majeure, il en ordonnera le remplacement à la charge de qui de droit.

Il rappellera également que ceux des effets dont la durée légale est de six ans au moins, ne peuvent être remplacés, même après l'expiration de cette année, qu'autant qu'ils sont hors d'état de servir. S'il s'en trouve dans ce cas, il en arrêtera l'état pour être joint à la prochaine demande que le corps devra faire en vertu de ladite circulaire du 4 Juin 1821.

Examen de l'Armement.

Art. 43. Indépendamment de l'examen que l'inspecteur général aura fait de l'armement, dans le cours de ses opérations, il en fera passer une revue de rigueur par un officier d'artillerie et le contrôleur d'armes qui auront été mis, à cet effet, à sa disposition par le ministre secrétaire d'État de la guerre.

Art. 44. Il se fera remettre une situation générale de l'armement en service et en magasin, qu'il comparera avec celle arrêtée à l'époque de la dernière inspection et avec le livret. S'il remarque que le corps porte en perte des armes emportées par les déserteurs, il vérifiera s'il n'y a point eu de négligence, et se fera représenter les procès-verbaux constatant les circonstances de la désertion.

Art. 45. L'inspecteur général s'assurera que les armes sont marquées conformément à la circulaire ministérielle du 16 Juin 1820, et que toutes les pièces qui doivent servir aux réparations sont tirées des manufactures royales d'armes.

Il examinera si l'on a eu soin de faire les réparations nécessaires; et, dans le cas contraire, il réprimandera les officiers qui auraient apporté de la négligence dans cette partie : il leur prescrira de s'en occuper de suite, et de lui en rendre compte.

Il s'assurera en outre que les hommes ne paient pas ces pièces au-dessus des prix fixés par les tarifs, y compris la main-d'œuvre due à l'armurier pour la mise en place de ces pièces.

Art. 46. Il sera dressé deux états de l'armement : l'un, des armes en service dans le corps à l'époque de la revue, conforme au modèle n.° 12 ; l'autre, servant à établir le renouvellement par cinquantième, conforme au modèle n.° 13.

Art. 47. La revue étant terminée, l'inspecteur général passera à l'examen des hommes dans les positions suivantes.

II.ᵉ PARTIE.

Examen des hommes de recrue.

Art. 48. L'inspecteur général se fera présenter les hommes de recrue arrivés au corps depuis la dernière inspection, ou qui, étant arrivés antérieurement, n'y auraient pas été présens à cette époque.

Ils devront être classés ainsi qu'il suit :

Jeunes soldats appelés.

Art. 49. L'inspecteur général examinera la taille et la tournure de chaque homme, ainsi que son aptitude au service.

Remplaçans.

Art. 50. Les remplaçans seront divisés en deux classes, ceux admis par les conseils de révision, et ceux admis par le corps.

Ils seront examinés sous les mêmes rapports que les jeunes soldats ; et en outre, pour ceux admis par le corps, l'inspecteur général se fera représenter l'autorisation en vertu de laquelle ils ont été reçus.

Enrôlés volontaires.

Art. 51. Indépendamment de l'examen prescrit pour les jeunes soldats, l'inspecteur général vérifiera si les enrôlés volontaires ont l'âge requis et si leur engagement a été légalement contracté devant un maire.

S'il en trouvait qui ne fussent pas propres au service, il prendrait note de l'autorité militaire qui aurait prononcé sur leur aptitude, et en rendrait compte.

Hommes venus d'autres Corps pour quelque motif que ce soit.

Art. 52. L'inspecteur général se fera présenter tous les hommes venus d'autres corps, les ordres en vertu desquels ils ont été incorporés, et se fera rendre compte de leur conduite depuis leur incorporation dans le régiment.

Hommes rengagés.

Art. 53. L'inspecteur général examinera si les hommes rengagés ou à rengager ont les qualités convenables pour continuer leur service.

Proposition pour l'admission à l'Hôtel royal des Invalides.

Art. 54. L'inspecteur général ne proposera les militaires qui lui seront présentés pour être admis aux invalides, qu'après s'être assuré qu'ils réunissent les conditions prescrites par le décret du 28 Avril 1803 [8 Floréal an 11], et il n'approuvera les mémoires de proposition qu'autant que toutes les formalités exigées auront été remplies.

Art. 55. Les militaires proposés attendront au corps la décision du ministre.

Il en sera dressé un état conforme au modèle n.° 4.

Proposition d'admission à la retraite.

Art. 56. L'inspecteur général ne proposera pour être admis à la retraite, que des militaires réunissant les conditions exigées par l'ordonnance du 27 Août 1814, et il n'approuvera les mémoires de proposition qu'après s'être assuré qu'ils ont été dressés conformément à la circulaire du 10 Juillet 1820.

Art. 57. Les militaires proposés pour la retraite, à quelque titre que ce soit, attendront au corps la décision du ministre.

Il en sera dressé un état conforme au modèle n.° 5.

Proposition d'admission dans les Compagnies sédentaires.

Art. 58. L'inspecteur général ne proposera pour être admis dans les compagnies sédentaires, que des militaires réunissant les conditions exigées par l'ordonnance du 2 Août 1818 (titre XX); les mémoires de proposition seront établis dans la forme indiquée par la circulaire du 10 Juillet 1820, pour les mémoires de proposition à la retraite.

Ces militaires attendront au corps la décision du ministre.

Il en sera dressé un état conforme au modèle n.° 6.

Art. 59. Les militaires présentés et susceptibles d'être admis dans les compagnies sédentaires, pourront opter pour la réforme simple; mais, dans ce cas, il sera fait mention de leur demande sur le congé qui leur sera délivré, ainsi que sur l'état des hommes réformés.

Examen des Hommes présentés pour être réformés.

Art. 60. L'inspecteur général, après avoir reçu les certificats du chirurgien du corps et l'avis du conseil d'administration, examinera soigneusement les hommes impropres au service, et qui ne seraient pas susceptibles d'obtenir une récompense. Il les fera contre-visiter, en sa présence, par deux officiers de santé, qu'il désignera parmi ceux attachés aux hôpitaux militaires, ou, à défaut, parmi ceux employés aux hôpitaux civils. Il portera une attention particulière aux hommes présentés pour cause de myopie, surdité ou bégaiement, et ne prononcera qu'après avoir acquis la conviction que ces infirmités ne sont point simulées.

Les hommes proposés pour cause d'épilepsie ou d'incontinence d'urine, ne seront réformés qu'après avoir subi dans un hôpital les épreuves et l'examen propres à constater l'infirmité.

Art. 61. L'inspecteur général, après avoir statué sur le sort des hommes qu'il jugera impropres au service, leur fera délivrer des congés sur des imprimés qui lui seront remis à cet effet : ces congés seront de deux espèces; savoir, *de réforme*, pour les individus réformés pour des causes ou des infirmités postérieures à leur entrée au service, et *de renvoi*, pour ceux réformés pour des causes antérieures.

Il en sera dressé deux états conformes au modèle n.° 1, auxquels on joindra les certificats de visite et de contre-visite.

Art. 62. L'inspecteur général se conformera en outre à ce qui est prescrit par les instructions sur le recrutement.

Examen des Sous-officiers et Caporaux désignés pour être cassés, et des Jugemens rendus par le Conseil de discipline.

Art. 63. L'inspecteur général se fera présenter les sous-officiers et caporaux qui lui auront été désignés comme incapables d'être maintenus dans leur grade. Il examinera soigneusement les motifs de la proposition et statuera.

Art. 64. Il se fera rendre compte des cassations opérées depuis la dernière inspection, pour s'assurer que les formalités prescrites par l'article 383 du réglement du 13 Mai 1818, et modifiées par la décision du 25 Mars 1820, ont été suivies.

Il examinera aussi les jugemens du conseil de discipline, et portera son attention sur les motifs de ces jugemens, afin de se faire une opinion exacte de la discipline du corps.

Examen des Hommes proposés pour changer d'Arme ou de Corps.

Art. 65. L'inspecteur général examinera les hommes qui lui seront présentés pour changer d'arme ou de corps. Il n'admettra ces propositions qu'avec une extrême réserve, et qu'autant qu'il y verra un avantage réel pour le service; dans ce cas, il transmettra la demande au ministre avec son avis. Ces hommes attendront au corps la décision à intervenir; il en sera dressé un état conforme au modèle n.° 10.

Art. 66. Les sous-officiers et caporaux cassés doivent être maintenus au corps; néanmoins, si leur présence pouvait y occasioner de graves inconvéniens, il en sera rendu compte au ministre, qui statuera.

Examen des Sous-officiers nommés depuis la dernière Inspection.

Art. 67. L'inspecteur général se fera présenter les sous-officiers et caporaux nommés depuis la dernière inspection.

Il s'assurera qu'ils ont été choisis parmi ceux portés sur le tableau d'avancement, et qu'en conséquence ils réunissent les conditions prescrites par la loi du 10 Mars 1818 et l'ordonnance du 2 Août de la même année. Il vérifiera si les nominations ont eu lieu sur des listes de proposition de trois candidats pour chaque emploi vacant. Les capitaines ayant l'initiative des propositions jusqu'au grade de sergent-major inclusivement, l'inspecteur général veillera à ce que cette faculté ne soit entravée sous aucun rapport.

Art. 68. Si, contre toute probabilité, il trouvait des sous-officiers ou caporaux qui eussent été choisis hors du tableau, sans qu'il eût été épuisé ou sans autorisation spéciale, l'inspecteur général fera réintégrer dans la caisse la différence de solde, et informeroit le ministre de cette infraction.

Art. 69. Les sous-officiers, caporaux et soldats qui, dans le cas de vacances prolongées, et à raison des besoins du service, seraient appelés à remplir temporairement les fonctions d'un grade supérieur, ne pourront porter les marques distinctives de ce grade, à moins d'une autorisation spéciale du ministre.

L'inspecteur général donnera les ordres les plus formels pour la stricte exécution de cette disposition.

Examen des Sous-officiers et Soldats qui demandent à passer dans la Garde royale.

Art. 70. L'inspecteur général se fera présenter les sous-officiers et soldats qui demandent à passer dans la garde royale.

Il s'assurera que ces militaires sont distingués par leur exactitude dans le service ; qu'ils ont une conduite irréprochable, et qu'ils sont exempts de toute infirmité ; enfin, qu'ils réunissent toutes les qualités physiques et morales qu'exige le service honorable auquel ils sont destinés près la personne du Roi.

Pour être certain qu'il ne leur manque aucune de ces qualités, il les fera visiter par un officier de santé, et consultera le registre des punitions.

Art. 71. Les militaires proposés ne pourront, quel que soit leur grade, y entrer que comme soldats, et seront divisés en deux classes.

La première, qui comprendra les hommes destinés au recrutement des compagnies d'élite, ne pourra être composée,

1.° Que des sous-officiers;

2.° Des caporaux ayant au moins un an de grade ou deux ans de service dans une compagnie d'élite;

3.° Des grenadiers et voltigeurs ayant au moins quatre ans de service : leur taille ne pourra être au-dessous d'un mètre 679 millimètres; et, attendu qu'ils doivent servir au moins quatre ans dans la garde, ils contracteront, si cela est nécessaire, un rengagement en conséquence.

Il en sera dressé un état conforme au modèle n.° 7.

La seconde classe de ces militaires, destinée au recrutement des fusiliers de première classe de la garde, sera composée,

1.° Des soldats qui, ayant droit à leur libération, demanderont à contracter un rengagement de quatre ans au moins;

2.° Des soldats qui, ayant au moins deux années de service révolues, consentiront à contracter un rengagement de manière à compléter huit ans de service, dont quatre au moins dans la garde.

Ils devront réunir les conditions mentionnées plus haut.

Il en sera dressé un état conforme au modèle n.° 7.

Art. 72. Lorsque le nombre des militaires qui auront demandé à entrer dans la garde, en contractant des rengagemens volontaires, n'égalera pas celui des hommes qui auront été demandés à un corps, l'inspecteur général aura recours aux désignations, conformément à l'instruction sur le recrutement de la garde royale, du 25 Novembre 1820; dans ce cas, il en fera dresser un état conforme au modèle n.° 7.

Art. 73. L'inspecteur général fera classer les militaires portés sur ces états dans l'ordre où ils doivent être préférés.

Examen des Sous-officiers et Soldats qui demandent à entrer dans la Gendarmerie.

Art. 74. L'ordonnance du 5 Avril 1820 appelant à concourir au recrutement de la gendarmerie royale les militaires en activité dans les corps de ligne, l'inspecteur général examinera, parmi les sous-officiers et soldats qui manifesteront le désir d'être employés comme gendarmes à pied, ceux qui lui paraîtront les plus susceptibles de servir utilement dans cette arme.

Les conditions pour être admis sont d'avoir quatre ans de service, d'être âgé de vingt-cinq ans au moins et de quarante au plus ; de savoir lire et écrire correctement, d'avoir une conduite éprouvée et exempte de tout reproche, et d'avoir la taille d'un mètre sept cent cinq millimètres au moins.

Art. 75. L'inspecteur général, après s'être assuré, avec le plus grand soin, que les hommes réunissent l'ensemble de ces conditions, désignera deux militaires par chaque régiment d'infanterie de ligne et d'infanterie légère.

Il fera établir et m'adressera immédiatement, *Bureau de la gendarmerie*, un état conforme au modèle n.° 9, des hommes qu'il aura choisis, et qu'il dirigera de suite sur le chef-lieu de la compagnie de gendarmerie du département où le corps se trouve stationné, pour y être en subsistance jusqu'à ce qu'il leur ait été assigné des destinations définitives. L'inspecteur général jugera, d'après cette disposition, qu'il est très-important qu'il ne désigne que les hommes réellement propres au service de la gendarmerie.

Le montant de leur masse de linge et chaussure et le relevé de leurs services seront envoyés directement aux conseils d'administration des compagnies qui auront reçu les hommes.

Art. 76. L'inspecteur général choisira, en outre, et fera porter sur l'état conforme au modèle n.° 9, deux caporaux ou soldats par régiment pour le recrutement de la gendarmerie de la Corse.

Les conditions, sous les rapports de la conduite et de la taille, seront les mêmes ; mais il suffira qu'ils soient âgés de vingt-un ans, et qu'ils aient deux ans de service. Il les préviendra qu'après avoir achevé en Corse le temps de service qu'ils avaient à faire dans la ligne, ils seront susceptibles d'être admis dans la gendarmerie du continent.

Les hommes désignés seront dirigés de suite sur Toulon avec une feuille de route ; ils n'emporteront que les effets indispensables pour se rendre à leur destination. Le produit de leur masse de linge et chaussure et le relevé de leurs services seront envoyés directement au conseil d'administration de la gendarmerie de la Corse, à Bastia.

Examen des hommes ayant droit à leur libération de service.

Art. 77. Les hommes à libérer à la fin de l'année seront présentés à l'inspecteur général, ainsi que les enrôlés volontaires dont le temps de service expire dans le courant de l'année suivante : il vérifiera leurs droits à la libération du service actif, d'après les règles établies dans l'instruction du 3 Décembre 1818.

Il emploîra tous les moyens de persuasion qui sont en son pouvoir pour les encourager à souscrire des rengagemens.

Et afin que personne ne puisse prétexter cause d'ignorance des avantages offerts aux militaires qui consentent à se rengager, l'inspecteur général fera préalablement mettre à l'ordre les dispositions favorables que renferme, à ce sujet, l'ordonnance précitée du 9 Juin 1821, et celles de l'ordonnance du 3 Décembre 1818 et de l'instruction de même date, qui n'ont point été abrogées par la première de ces ordonnances.

S'il en était qui ne voulussent se rengager que pour servir dans d'autres corps, leurs demandes, si elles sont fondées sur des motifs suffisans, pourront être accueillies par l'inspecteur général, qui les adressera au ministre avec son avis.

Art. 78. Les hommes qui auront droit à leur congé seront divisés en deux classes :

1.º Ceux qui, ayant trente-deux ans d'âge ou douze ans de service, ont droit à un congé absolu ; il en sera dressé un état conforme au modèle n.º 2.

2.º Ceux qui, n'ayant pas trente-deux ans d'âge ou douze ans de service, seraient astreints à servir dans les vétérans le temps prescrit par la loi ; ils seront portés sur un état conforme au modèle n.º 3.

Art. 79. L'inspecteur général fera observer que les militaires passés des corps spéciaux dans l'infanterie par avancement ou de toute autre manière, sont tenus, avant d'avoir droit à leur congé absolu, d'achever leur temps de service pour lequel ils s'étaient engagés dans lesdits corps.

Examen des hommes qui demandent à aller en semestre.

Art. 80. L'inspecteur général se fera présenter les sous-officiers et soldats qui demandent à aller en semestre.

Il les désignera conformément aux dispositions de l'instruction spéciale qui lui sera incessamment adressée.

Il en sera dressé un état conforme au modèle indiqué dans ladite instruction, à laquelle il aura recours pour ce travail.

Examen des enfans de troupe.

Art. 81. L'inspecteur général s'assurera que, conformément aux ordonnances, il n'existe que deux enfans de troupe par compagnie ; que ces enfans n'ont pas été admis avant l'âge de deux ans, ou maintenus en cette qualité sur les contrôles après l'âge où ils ne doivent plus être considérés ni traités comme tels.

Il en dressera un état conforme au modèle n.° 11.

Art. 82. Aucun enfant d'officier ne peut être admis comme enfant de troupe. S'il en avait été reçu sans autorisation spéciale du ministre, l'inspecteur général les ferait immédiatement rayer des contrôles, et rendrait ceux qui les auraient admis responsables des frais qui en seraient résultés.

Examen des Sous-officiers, Caporaux et Soldats qui jouissent de la haute-paie.

Art. 83. L'inspecteur général examinera si les services des hommes admis à la haute-paie ont été bien établis, si ces hommes ont les conditions exigées par les ordonnances, et prononcera, s'il y a lieu, sur les réclamations de ceux qui prétendraient y avoir droit.

Proposition pour l'admission dans les Gardes-du-corps du Roi ou de S. A. R. MONSIEUR.

Art. 84. L'inspecteur général fera connaître les officiers des grades de sous-lieutenant et de lieutenant qui désireront passer dans les gardes-du-corps du ROI ou de S. A. R. MONSIEUR, et qui réuniront les conditions prescrites par les ordonnances des 30 Décembre 1818 et 21 Avril 1819.

Il en sera dressé un état conforme au modèle n.° 16.

Art. 85. Il examinera les sous-officiers qui demanderaient aussi à entrer dans les gardes-du-corps du Roi ou de Monsieur; et, se reportant aux ordonnances du 30 Décembre 1818 et du 21 Avril 1819, il s'assurera si, en exécution de l'article 57 de l'ordonnance du 2 Août 1818, ces sous-officiers réunissent les conditions voulues par la loi du 10 Mars de la même année : il désignera les plus méritans et les plus dignes d'obtenir cette faveur.

Il en fera établir un état conforme au modèle n.° 17.

Proposition pour la garde royale.

Art. 86. L'inspecteur général fera dresser un état, conforme au modèle n.° 22, des officiers qui par leurs services et leur conduite distinguée mériteraient d'être admis dans la garde royale. Ces officiers devront réunir les conditions voulues par l'ordonnance du 25 Octobre 1820.

EXAMEN DU MATÉRIEL.

Visite des casernes et chambrées.

Art. 87. L'inspecteur général, accompagné de l'officier du génie et du sous-intendant militaire, se rendra au quartier; il examinera si les casernes sont en bon état, se fera rendre compte, s'il y a lieu, des causes qui se sont opposées à leur réparation, et des mesures qui ont été prises pour y pourvoir.

Art. 88. Il visitera les chambrées, et s'assurera qu'elles sont tenues proprement, et autant que les localités le permettent, conformément à l'article 239 du réglement du 13 Mai 1818.

Art. 89. Il examinera la qualité des fournitures de couchage, la manière dont le livre d'ordinaire est tenu, si le produit des trayailleurs et des hommes punis y est inscrit, et s'il est versé exactement; si le prêt (sauf le sou de poche, qui doit toujours être franc) est entièrement consommé; enfin, si l'ordinaire est bien réglé, et les hommes bien nourris.

Il donnera une attention particulière à la qualité du pain de soupe et du pain de munition, ainsi qu'à celle des autres

denrées; il s'informera de leurs prix, afin de pouvoir juger
si les achats sont faits dans l'intérêt du soldat.

Il examinera le livre d'ordres, pour s'assurer que tous ceux
donnés ont été inscrits et communiqués; et le registre des
punitions, afin de faire les observations auxquelles son examen pourrait donner lieu.

Visite des Salles de Discipline et du Corps-de-garde de Police.

Art. 90. L'inspecteur général examinera si les salles de
discipline sont aérées et placées dans des endroits sains; s'il
y en a de séparées pour les sous-officiers, et si elles sont
pourvues des fournitures et ustensiles prescrits par les réglemens.

Art. 91. Il examinera le corps-de-garde de police, et s'assurera que l'on se conforme aux dispositions de l'article 300
du réglement du 13 Mai 1818.

Art. 92. Il proposera les améliorations que ses observations
lui feront juger nécessaires.

EXAMEN DES ÉCOLES RÉGIMENTAIRES.

École d'Enseignement mutuel.

Art. 93. L'inspecteur général s'assurera si l'école d'enseignement mutuel est suivie exactement, et dirigée d'après
les instructions données par le ministre de la guerre.

Art. 94. Il se fera rendre compte des résultats obtenus
depuis la dernière inspection, et s'attachera à faire sentir
l'importance de cette institution pour le régiment et pour
les individus.

École d'Escrime, de Danse et de Natation.

Art. 95. L'inspecteur général s'assurera également que les
dispositions de l'article 322 de l'ordonnance du 13 Mai 1818,
relatif aux écoles d'escrime, de danse et de natation, sont
exactement suivies.

RÉCLAMATIONS DES OFFICIERS, SOUS-OFFICIERS ET SOLDATS.

Art. 96. L'inspecteur général fera connaître, par la voie de l'ordre, ou verbalement, s'il le juge convenable, le jour et l'heure où les officiers, sous-officiers et soldats, qui croiraient avoir des réclamations à faire, pourront les lui soumettre; il statuera sur celles qu'il jugera fondées et qui seraient relatives à des objets de police, de discipline et d'administration intérieure, qui exigeront une prompte décision; quant aux réclamations qui présenteront des difficultés, il en rendra compte au ministre secrétaire d'état de la guerre, en lui faisant connaître son opinion.

VISITE DES MAGASINS ET ATELIERS DU CORPS.

Art. 97. L'inspecteur général, accompagné de l'intendant ou sous-intendant militaire, des membres du conseil d'administration et du capitaine d'habillement, se transportera dans les magasins et ateliers du corps, pour vérifier leur situation; il s'assurera qu'ils sont convenablement placés, bien tenus, et que les effets et matières qu'ils contiennent sont rangés avec ordre, et qu'ils ne peuvent se détériorer.

Art. 98. Indépendamment de l'examen qu'il aura fait de l'habillement, du grand et petit équipement, dans le cours de ses opérations, il donnera une attention particulière aux effets et matières en magasin.

Art. 99. Il se fera représenter la situation dressée à la dernière revue d'inspection; les devis du ministre, pour les fournitures ou achats ordonnés depuis; le journal de l'officier d'habillement, l'état des confections, celui des distributions, et la situation au jour de la revue : il s'assurera de son exactitude, et vérifiera si l'existant en magasin et en service est effectivement le même que celui présenté par cette situation.

Art. 100. L'inspecteur général comparera ensuite les fournitures avec les modèles ou échantillons; et s'il y remarque des différences, il en recherchera les causes, et prendra, à cet égard, les mesures qu'il jugera nécessaires; enfin, il emploira tous les moyens qui sont en son pouvoir pour s'éclairer sur cette partie importante de l'administration.

Il prononcera sur les objets dont on lui demandera la réforme comme hors de service, d'après les règles rappelées en l'article 42.

NOTES SUR LES OFFICIERS, ET TABLEAUX D'AVANCEMENT.

Notes sur les Officiers.

Art. 101. L'inspecteur général, ayant été à même, dans le cours de son inspection, soit par son propre examen, soit par les renseignemens qu'il se sera procurés, de fixer son opinion sur l'instruction, la conduite, la capacité et les principes de chaque officier, et particulièrement de ceux qui lui auront été signalés en bien ou en mal, devra émettre son opinion personnelle sur chacun d'eux ; il l'énoncera brièvement, mais avec clarté, afin que le ministre soit suffisamment éclairé pour juger du mérite de tous les officiers, et notamment de celui des officiers supérieurs.

Art. 102. Il ne proposera de changemens de corps qu'avec une extrême réserve, et autant qu'il y verra un avantage réel pour le service ; il s'en abstiendra comme moyen de punition, l'expérience ayant prouvé que cette mesure est presque toujours sans résultat.

Art. 103. Dans le cas où il trouverait des officiers qui ne lui paraîtraient pas devoir être maintenus au service, il en rendrait un compte particulier et détaillé au ministre.

Tableaux d'avancement.

Art. 104. L'inspecteur général, ayant pris une connaissance exacte du mérite des officiers et des sous-officiers, caporaux et soldats, arrêtera les tableaux d'avancement, qui sont divisés ainsi qu'il suit :

1.° Le tableau des officiers depuis le grade de sous-lieutenant jusqu'à celui de colonel exclusivement susceptibles d'avancement, au choix du Roi,

2.° Celui des capitaines adjudans-majors, capitaines trésoriers et capitaines d'habillement, susceptibles d'être nommés majors ;

3.° Des lieutenans susceptibles d'être nommés adjudans-majors ;

4.° Celui des officiers du grade de sous-lieutenant au grade

de capitaine, reconnus les plus propres à remplir les fonctions d'officier comptable ;

5.° Des sous-officiers susceptibles d'être nommés sous-lieu-
tenans ; ceux qui sont les plus propres à remplir les fonctions
de porte-drapeau, seront particulièrement désignés ;

6.° Des soldats, caporaux, fourriers, sergens et sergens-
majors susceptibles d'être promus à un grade supérieur.

Art. 105. Les tableaux mentionnés en l'article précédent
seront conformes aux modèles n.°ˢ 18, 19, 20, 21 et 23.

L'inspecteur général ne portera sur ces tableaux que les
militaires qui réuniront les conditions prescrites par la loi
du 10 Mars 1818 et l'ordonnance du 2 Août suivant, et qu'il
croira dignes de la récompense pour laquelle on les propose.
Ils seront inscrits dans l'ordre où ils doivent être préférés,
à l'exception de ceux portés sur le sixième tableau, qui
seront inscrits par grade et par ancienneté.

Art. 106. L'inspecteur général continuera de porter sur
les tableaux de l'année courante ceux qui l'ont été sur ceux
des années précédentes, à moins qu'ils n'aient démérité.
Dans ce cas il s'assurera qu'il en a été rendu compte au
minstre par l'intermédiaire du lieutenant général commandant la division, et renouvellera l'ordre de suivre cette
disposition à l'avenir.

Art. 107. L'inspecteur général fera compléter le cadre des
caporaux et sous-officiers, s'il y a des emplois vacans, en
choisissant parmi ceux proposés.

*Officiers et Sous-officiers désignés pour passer dans
les Compagnies de discipline.*

Art. 108. L'inspecteur désignera par des notes particulières,
sur le premier tableau, les officiers qui, par leur conduite
et leur fermeté dans le service, seraient propres à être employés dans les compagnies de discipline, et qui, après avoir
pris connaissance de l'ordonnance du 1.ᵉʳ Avril 1818, seraient
disposés à passer dans ces compagnies. Il en sera dressé un
état conforme au modèle n.° 25.

Art. 109. Il fera les mêmes annotations, sur le tableau
n.° 6, à l'égard des caporaux et sous-officiers qui, y étant
portés, désireraient être employés dans ces compagnies. Il
en fera dresser un état conforme au modèle n.° 26.

Proposition d'admission dans l'État-major des places.

Art. 110. L'inspecteur général ne désignera pour les emplois de lieutenans de Roi, d'adjudans de place et de secrétaires-archivistes, que des officiers et des sous-officiers qui ne pourraient continuer à servir activement, qui par leur conduite et leur instruction se seraient montrés dignes d'obtenir, comme récompense de leurs services, ces postes importans et de confiance, et qui seraient encore susceptibles de faire le service de l'état-major des places.

Art. 111. Les officiers désignés pour les emplois d'adjudans de 3.ᵉ et 4.ᵉ classes, et pour ceux de secrétaires-archivistes de 1.ʳᵉ, 2.ᵉ et 3.ᵉ classes, devront être en état de tenir les registres d'ordre, de correspondance et de service de la place, de rédiger correctement les procès-verbaux des séances du conseil de défense, et de tenir le journal de siége.

Art. 112. Les adjudans sous-officiers proposés pour l'emploi de secrétaire-archiviste de 4.ᵉ classe, devront avoir satisfait à la loi du recrutement, et, en conséquence, avoir douze ans de service; ils devront en outre réunir les connaissances nécessaires à ces fonctions.

Art. 113. Ces désignations, et celles qui auront lieu en vertu des articles précédens, seront portées sur l'état nominatif des officiers et sur le tableau d'avancement des sous-officiers, à l'article de chacun.

Art. 114. Le tableau à dresser en exécution des articles précédens sera conforme au modèle n.° 24.

Propositions d'admission dans l'Ordre de S. Louis et du Mérite militaire.

Art. 115. L'inspecteur général proposera, pour être admis dans l'ordre royal et militaire de S. Louis ou dans l'ordre du Mérite militaire, les officiers qu'il jugera avoir le plus de titres à cette récompense.

Art. 116. Il ne pourra présenter que des officiers ayant au moins vingt-quatre ans de service, y compris les campagnes : les services et campagnes comme sous-officier et soldat ne compteront que pour moitié dans l'évaluation.

Il en sera dressé un état et des mémoires de proposition conformes au modèle n.° 27.

Ordre royal de la Légion d'honneur.

Art. 117. L'inspecteur général proposera également des officiers, sous-officiers ou soldats, pour être admis ou obtenir de l'avancement dans l'ordre royal de la légion d'honneur.

Art. 118. Le nombre des propositions qui pourront être faites par régiment, n'excédera pas celui qui sera déterminé chaque année par le ministre de la guerre.

Art. 119. Les militaires proposés devront réunir les conditions déterminées par l'ordonnance du 26 Mars 1816.

Il en sera dressé un état et des mémoires de proposition conformes au modèle n.° 28.

Art. 120. Les militaires proposés pour l'ordre de Saint-Louis, du Mérite militaire et de la Légion d'honneur, seront inscrits sur les états dans l'ordre où ils devront être préférés ; et continueront à y être portés jusqu'à leur admission ou avancement, à moins qu'ils n'aient démérité.

Classement et Tiercement des Officiers.

Art. 121. L'inspecteur général fera réunir tous les officiers du corps. Il s'assurera que chacun d'eux est porteur de son brevet, ou au moins du titre en vertu duquel il exerce son emploi.

La date de l'ancienneté de grade de chaque officier, arrêtée par les bureaux du ministère avec le plus grand soin, d'après les documens les plus exacts et sur des règles qui ont été appliquées également à tous les corps, se trouvant portée sur *l'Annuaire militaire*, l'inspecteur général le consultera pour opérer le classement des officiers, et s'y conformera, à moins qu'il ne lui soit présenté des lettres ministérielles d'une date postérieure à l'Annuaire, qui changeraient le rang d'ancienneté de quelques-uns.

Art. 122. Il donnera connaissance aux officiers de leur classement et du tiercement qui auront été préparés d'avance, et d'après les règles fixées par les circulaires des 23 Septembre 1818 et 22 Juillet 1819, à la décision du Roi, qui lui sera incessamment communiquée, et conformément aux tableaux ci-annexés.

Il en sera dressé un état semblable au modèle n.° 29.

Art. 123. Il classera les adjudans-majors pourvus du grade de capitaine, parmi les officiers des différentes classes de ce grade, afin de les mettre à portée de jouir de l'avantage que leur accorde la décision royale du 13 Juin dernier, de passer à titre d'ancienneté, et suivant certaines conditions, au commandement des compagnies vacantes.

Art. 124. Il prononcera sur les réclamations des officiers, ou il en référera au ministre, et, dans ce cas, l'officier sera classé provisoirement, à la date du titre légal dont il sera pourvu, jusqu'à la décision ministérielle.

TABLEAU de Tiercement dans les Régimens à trois bataillons.

	1.er BATAILLON.	2.e BATAILLON.	3.e BATAILLON.
1.re Division	1.er cap.e de grenad.	2.e cap.e de grenad.	3.e cap.e de grenad.
	10.e cap.e de fusiliers.	11.e cap.e de fusiliers.	12.e cap.e de fusiliers.
2.e idem ..	1.er cap.e *idem.*	2.e cap.e *idem.*	3.e cap.e *idem.*
	13.e cap.e *idem.*	14.e cap.e *idem.*	15.e cap.e *idem.*
3.e idem ..	4.e cap.e *idem.*	5.e cap.e *idem.*	6.e cap.e *idem.*
	16.e cap.e *idem.*	17.e cap.e *idem.*	18.e cap.e *idem.*
4.e idem ..	7.e cap.e *idem.*	8.e cap.e *idem.*	9.e cap.e *idem.*
	1.er cap.e de voltig.	2.e cap.e de voltig.	3.e cap.e de voltig.

TABLEAU de Tiercement dans les Régimens à deux bataillons.

	1.er BATAILLON.	2.e BATAILLON.
1.re Division .	1.er cap.e de grenadiers.	2.e cap.e de grenadiers.
	7.e cap.e de fusiliers.	8.e cap.e de fusiliers.
2.e idem	1.er cap.e *idem.*	2.e cap.e *idem.*
	9.e cap.e *idem.*	10.e cap.e *idem.*
3.e idem	3.e cap.e *idem.*	4.e cap.e *idem.*
	11.e cap.e *idem.*	12.e cap.e *idem.*
4.e idem	5.e cap.e *idem.*	6.e cap.e *idem.*
	1.er cap.e de voltigeurs.	2.e cap.e de voltigeurs.

Semestres des Officiers.

Art. 125. L'inspecteur général procédera, conformément à l'instruction spéciale qui lui sera incessamment adressée, à la délivrance des congés de semestre, et suivra exactement les dispositions qu'elle renfermera.

Formation du nouveau Conseil d'administration.

Art. 126. L'inspecteur général procédera à la formation du conseil d'administration, pour l'année suivante, d'après les règles fixées par l'article 2 de l'ordonnance du 20 Janvier 1813.

EXAMEN DE L'ADMINISTRATION.

Vérification et Arrêté de la Comptabilité.

Art. 127. L'inspecteur général réunira le conseil d'administration au lieu ordinaire de ses séances; il s'y rendra accompagné de l'intendant ou sous-intendant militaire.

Art. 128. Il procédera à la vérification de la comptabilité. Cette vérification aura lieu en prenant connaissance des délibérations, depuis le dernier arrêté de comptabilité par l'inspecteur général, et en les comparant avec les inscriptions aux divers registres.

Art. 129. Il vérifiera les pièces de dépense, afin de s'assurer qu'elles sont régulières, et qu'elles ont été acquittées.

Art. 130. Pour les fournitures faites en vertu des ordres du ministre, il s'assurera que les récépissés ont été exactement envoyés aux fournisseurs et les mandats au ministre.

Pour les achats faits par le corps, il s'assurera que les paiemens ont été effectués et qu'ils sont légalement justifiés.

Art. 131. Il se fera représenter le livret de recettes et les devis du ministre, afin d'être certain que les recettes en deniers et les entrées en magasin sont inscrites exactement aux registres des délibérations, de caisse et journal du capitaine d'habillement.

Art. 132. Il examinera le registre de l'enseignement mutuel, et comparera les dépenses avec les fonds alloués pour cet objet.

Art. 133. Il examinera aussi le registre de la musique,

s'assurera si la dépense qui s'y trouve portée est réelle, et si l'on ne retient pas aux officiers au-delà d'un jour de solde.

Il emploîra tous les moyens en son pouvoir pour connaître s'il existe une masse secrète dans les régimens.

Art. 134. Il donnera aussi son attention au registre-matricule et au registre des services des officiers, ainsi qu'aux contrôles annuels; il s'assurera que ces registres sont tenus avec ordre et régularité, que les services sont inscrits, et que les mutations sont à jour.

Art. 135. L'inspecteur général s'assurera si les fonds mis à la disposition du régiment, pour l'habillement et l'équipement, ont reçu la destination qui leur était assignée, et si les fonds de première mise de petit équipement pour les recrues ont été versés à la masse de ces hommes.

Il procédera, s'il ne l'a déjà fait, à la vérification de la situation de la caisse, ce qui aura lieu quand et aussi souvent qu'il le jugera convenable.

Il n'admettra aucune pièce, comme représentant des fonds, si cette opération n'est pas formellement autorisée par les réglemens. Tout déficit, tout enlèvement d'espèces qui n'aura pas eu lieu par force majeure, et ne serait pas régulièrement et authentiquement constaté, ne sera pas admis par l'inspecteur général. Les dépositaires de la caisse, ou les auteurs des actes en vertu desquels les fonds en seraient sortis, devront les y réintégrer de suite. Il s'assurera que les membres du conseil d'administration qui doivent être dépositaires des clefs de la caisse ne s'en dessaisissent sous aucun prétexte, et sont toujours présens lors des entrées et des sorties de fonds.

Art. 136. Après avoir acquis une connaissance suffisante de l'état de la comptabilité du corps, il arrêtera définitivement celle de l'exercice expiré, si elle l'a été préalablement par l'intendant militaire. Dans le cas contraire, il lui en demandera les motifs; et s'il jugeait qu'il n'y eût aucune raison qui motivât le retard, il invitera cet administrateur à y procéder; et en cas de refus, il en fera son rapport.

Art. 137. Si dans l'arrêté de cette gestion il différait d'avis avec l'intendant militaire, et que la question lui parût douteuse, il en rendrait compte au ministre : autrement il statuerait, et, dans ce cas, sa décision ferait règle pour le corps, sauf à l'intendant militaire à en référer au ministre.

Art. 138. Quant à ce qui concerne la comptabilité de l'exercice courant, l'inspecteur général se bornera à vérifier si les écritures sont à jour, si elles sont régulièrement tenues, et si le sous-intendant militaire a arrêté provisoirement les trimestres expirés.

HÔPITAUX.

Art. 139. L'inspecteur général se rendra à l'hôpital, accompagné, autant que possible, du commandant du génie, et du sous-intendant militaire chargé de la surveillance de l'hôpital : il prendra des informations sur l'état des bâtimens, la qualité des alimens et des médicamens, ainsi que sur celle des fournitures de couchage ; il s'assurera que les salles sont tenues proprement, et que les malades sont bien soignés ; il cherchera à s'éclairer sur les talens des officiers de santé, la gestion de l'économe, et l'exactitude des employés.

Dans les hospices civils, il n'aura à s'occuper que de la qualité des alimens et des médicamens, ainsi que des soins donnés aux malades.

Art. 140. S'il trouve dans ces hôpitaux des hommes dont les corps sont éloignés, qui soient impropres au service, il les fera placer en subsistance dans le régiment le plus voisin de son inspection.

Il prononcera sur leur sort, et suivra à leur égard ce qui est prescrit pour les hommes de ce corps qui sont dans une position semblable.

Il en fera dresser des états particuliers pour chaque régiment et chaque position, il fera prévenir de sa décision, par le sous-intendant militaire, les corps auxquels ces hommes appartiennent.

PRISONS.

Art. 141. L'inspecteur général se rendra à la prison militaire : il examinera l'état des bâtimens, et la manière dont les prisonniers y sont traités, ainsi que la qualité des alimens qui leur sont distribués, et s'assurera que la paille leur est délivrée régulièrement, et dans les quantités prescrites par les réglemens.

Art. 142. Il examinera si la prison est tenue proprement, si elle est aérée et placée dans un endroit salubre, et fera les observations auxquelles son examen pourrait donner lieu.

Art. 143. S'il n'y avait pas de prison spécialement affectée aux militaires, il examinera, quant au régime, celle dans laquelle ils sont détenus, et renouvellera l'ordre de les séparer autant que possible des autres prisonniers.

BOULANGERIE, PAIN ET LIQUIDES.

Art. 144. L'inspecteur général se rendra à la boulangerie : il examinera si les magasins et la manutention sont bien placés, s'ils sont en bon état, s'ils sont tenus proprement, et s'ils sont garnis de tous les effets et ustensiles nécessaires au service.

Art. 145. Il vérifiera si les approvisionnemens en grains et farines sont de bonne qualité, mélangés et blutés ainsi qu'il est prescrit par les réglemens.

Art. 146. Il donnera une attention particulière au pain, afin de s'assurer qu'il est bien manutentionné, bien cuit, du poids fixé et de bonne qualité.

Art. 147. Il examinera également les liquides, s'assurera que l'eau-de-vie est de vin et qu'elle pèse de dix-huit à dix-neuf degrés à l'aréomètre de Cartier, que le vinaigre est également de vin et de bonne qualité, et que le vin est naturel.

Art. 148. Dans chacun de ces établissemens il se fera représenter le registre de visite et de distribution, afin de s'assurer que les officiers qui en sont chargés se conforment au réglement.

MAGASINS DE LA PLACE.

Art. 149. S'il existe dans la place des magasins militaires, l'inspecteur général examinera s'ils sont en bon état, et si les denrées ou effets qu'ils contiennent sont de bonne qualité, et entretenus avec soin.

Lorsque deux inspecteurs généraux, l'un d'infanterie, l'autre de cavalerie, passeront des revues dans la même place, la visite des établissemens sera faite par l'inspecteur d'infanterie, à l'exception du magasin de fourrages, qui sera visité par l'inspecteur de cavalerie.

REVUE D'HONNÈUR

ET CLÔTURE DE L'INSPECTION.

Art. 150. L'inspecteur général, ayant terminé toutes les opérations indiquées, fera rassembler le régiment, pour en passer la revue d'honneur.

Art. 151. Le régiment sera en bataille, en grande tenue; les officiers et les compagnies seront placés d'après le rang qui leur aura été assigné par le nouveau classement.

Art. 152. S'il a été admis des officiers ou des hommes de recrue depuis la dernière revue du sous-intendant militaire, il les fera sortir des rangs et leur fera prêter serment; il en sera dressé procès-verbal par le sous-intendant militaire.

Art. 153. Il fera ouvrir les rangs, et s'assurera qu'il a été remédié à tout ce qu'il aurait remarqué de défectueux et d'irrégulier dans le cours de ses opérations.

Art. 154. Cette opération terminée, il fera manœuvrer, afin de fixer définitivement son opinion sur le degré d'instruction du corps; après quoi il fera défiler.

OBSERVATIONS GÉNÉRALES.

Art. 155. Indépendamment de ce qui est prescit par les articles ci-dessus, l'inspecteur général devra s'assurer que toutes les dispositions pénales du Code militaire, et particulièrement celles relatives à la désertion, et à l'insubordination, sont lues aux recrues à leur arrivée au corps, et à la troupe au moins une fois par mois.

Art. 156. Si la désertion a été considérable, il prendra des informations sur les causes qui l'ont produite; et en les faisant connaître, il proposera des moyens pour les prévenir par la suite.

Art. 157. Dans le cas où il aurait été envoyé des hommes aux compagnies de discipline depuis la dernière inspection, l'inspecteur général vérifiera si le chef du corps s'est conformé aux dispositions de l'ordonnance du 1.er Avril 1818.

Art. 158. Il cherchera à découvrir s'il n'a pas été fait des retenues illicites, même volontaires, soit aux officiers, soit aux soldats du corps.

Art. 159. Il devra, surtout, s'assurer que l'union règne

parmi les officiers, et qu'il n'existe point d'esprit de parti ou de coterie parmi eux, afin d'y remédier, s'il y a lieu, avec toute la force que lui donne son autorité.

Art. 160. Il veillera particulièrement à ce que le prix des pensions et des logemens des officiers soit acquitté exactement, et qu'il n'y ait à cet égard aucune réclamation.

Art. 161. Il rappellera à MM. les officiers les dispositions de la circulaire du 9 Juin 1821, qui leur défend de signer des certificats collectifs ou individuels en faveur de ceux de leurs camarades qui provoqueraient, par leur conduite morale ou politique, la sévérité du Roi.

Il réprimandera et signalera au ministre ceux qui se seraient rendus coupables d'infraction à cet égard.

Art. 162. Enfin, il devra rappeler aux chefs de corps que tout militaire qui quitte les drapeaux, soit par ancienneté, soit par suite de blessures ou d'infirmités contractées dans le service, doit rentrer dans ses foyers avec une tenue décente, et être en conséquence pourvu d'un habit uniforme en bon état, étant à la dernière année de sa durée.

ORDRES A LAISSER AU CORPS, ET COMPTES A RENDRE AU MINISTRE.

Art. 163. L'inspecteur général, ayant pris une connaissance exacte des diverses parties du service, pour fixer son opinion sur l'ensemble et les détails du corps, l'exprimera dans le résumé annexé au livret ; mais ce résumé ne sera pas rempli, et demeurera en blanc dans le livret destiné au corps.

Art. 164. Il laissera des ordres au corps sur les différentes parties du service, en faisant un article séparé pour chaque objet, et en indiquant son opinion et la marche à suivre pour parvenir aux meilleurs résultats possibles.

Art. 165. Ces ordres, dont copie sera adressée au général commandant la division, afin qu'il en surveille l'exécution, seront inscrits au livret et sur le registre des délibérations, pour ce qui concerne l'administration et la comptabilité.

Art. 166. Aussitôt que le travail d'un corps sera terminé, l'inspecteur général l'adressera au ministre.

Art. 167. Les différens tableaux à établir, conformément aux articles 104, 108, 109, 114, 116 et 119, seront dressés en triple expédition ; savoir : une pour le ministre , une pour l'inspecteur général et une pour le corps.

Art. 168. Indépendamment des renseignemens consignés dans le livret d'inspection de chaque corps, l'inspecteur général adressera au ministre un rapport présentant l'aperçu physique et moral de tous les corps de son inspection, dans lequel il consignera ses observations les plus importantes sur les diverses parties du service, en indiquant leurs imperfections et les améliorations dont elles sont susceptibles.

OBSERVATIONS PARTICULIÈRES RELATIVES AUX RÉGIMENS ÉTRANGERS, AU BATAILLON DES COLONIES ET AUX COMPAGNIES DE DISCIPLINE.

Art. 169. Toutes les dispositions contenues dans la présente instruction sont applicables à ces corps, sauf les exceptions ci-après.

Régimens Suisses.

Art. 170. L'inspecteur général, chargé de passer la revue d'un ou plusieurs de ces régimens, examinera attentivement les dispositions des capitulations en vertu desquelles ils sont organisés. Il comparera ces capitulations avec les ordonnances de formation des régimens d'infanterie de ligne français ; et dans ce qui en diffère, il vérifiera si l'on se conforme exactement aux articles desdites capitulations et à l'ordonnance du Roi du 18 Juillet 1816 : il fixera particulièrement son attention sur la masse de recrutement ; il s'assurera si les fonds reçus pour les engagemens et rengagemens ont été fidèlement employés au recrutement du corps ; si l'on n'a pas admis un plus grand nombre d'étrangers que celui qui est autorisé par l'article 3 des capitulations ; si l'on a eu soin de fournir à l'homme de recrue , au moyen de la somme réservée à cet effet, un sac garni de tous les effets de petit équipement, tels qu'ils sont exigés par l'ordonnance ; si les capitaines ont fait tout ce qu'ils ont dû , pour porter et maintenir leurs compagnies au complet dans les délais prescrits ; si le conseil d'administration gérant leur en a facilité les moyens en ce qui dépendait de lui ; enfin, si les soldats sont traités convenablement et si l'on s'attache à leur faire aimer le service du Roi.

La comptabilité du recrutement devant se vérifier définitivement au ministère de la guerre, l'inspecteur général se fera représenter les arrêtés de compte qui auront eu lieu, et se fera donner par l'intendant ou sous-intendant militaire présent, les renseignemens dont il aura besoin pour s'assurer si le régiment n'est pas en retard de présenter ses comptes; et dans ce cas, il donnera les ordres nécessaires pour que ce travail se fasse régulièrement et aux époques qui ont été déterminées.

L'article 13 des capitulations ayant pourvu à la manière de faire jouir les militaires suisses de la faveur des semestres, les mesures ordonnées par l'instruction générale au sujet des semestriers, pour les autres corps, ne sont point applicables aux régimens suisses. En conséquence, l'inspecteur général se bornera à autoriser le départ, aussitôt que la revue sera terminée, des officiers, sous-officiers et soldats qui auront été préalablement désignés pour aller en recrutement ou en semestre ; d'autres militaires de ces régimens ne pouvant obtenir de semestre qu'en vertu d'autorisations spéciales, d'après le compte qui serait rendu au ministre.

Régiment de Hohenlohe.

Art. 171. Ce régiment a la même composition en officiers et sous-officiers que les régimens de ligne français : le complet de chaque compagnie diffère en ce qu'il peut être porté jusqu'à cent hommes. On n'y admet que des étrangers qui contractent des engagemens de six ans; on permet seulement l'enrôlement de quelques sous-officiers français, à cause des détails de la comptabilité. Du reste les différentes parties du service doivent être établies comme dans les autres régimens de l'armée.

Bataillon des Colonies.

Art. 172. Ce bataillon a été établi pour la réunion des hommes qui sont destinés à recruter les corps de troupe employés aux colonies. Les cadres d'officiers et sous-officiers sont permanens ; les hommes répartis dans les compagnies sont seuls destinés à être embarqués. L'inspecteur général

devra statuer sur ceux de ces hommes qui auraient déjà été
refusés par la marine, comme ne réunissant pas les conditions voulues pour le service des colonies ; il réformera ceux
qui sont reconnus impropres au service : quant à ceux qui
seront jugés valides, s'ils proviennent de classes appelées ou
de quelque corps de l'armée, il annullera les engagemens
spéciaux qu'ils ont contractés pour les colonies, et les mettra
à la disposition du général commandant la division, pour
être incorporés dans les régimens sous ses ordres, à l'effet
d'y finir le temps qu'ils auront encore à faire pour atteindre
l'époque de leur libération. Si ce sont des enrôlés volontaires
qui n'étaient point tenus au service, et qui ne s'étaient
engagés que sous la·condition d'aller servir aux colonies,
il les renverra dans leurs foyers avec des certificats de
cessation de service ; mais s'ils désirent continuer à servir,
leur engagement sera maintenu, et ils seront placés dans
des corps de ligne.

Du reste, on agira à l'égard de ce bataillon, pour les
différentes parties du service tant personnel que matériel,
ainsi qu'il est prescrit par l'instruction générale.

L'inspecteur général donnera une attention particulière à
la tenue des registres-matricules : les omissions et irrégularités
qui ont existé jusqu'à ce jour dans les contrôles signalétiques
des recrues envoyées aux colonies, exigent qu'il soit exercé,
à cet égard, une surveillance directe de la part du sous-
intendant militaire. Il est essentiel que les registres-matricules
soient remplis avec la plus grande exactitude et toujours au
courant, afin qu'au fur et à mesure des embarquemens, on
ait seulement à en faire un relevé indiquant d'une manière
authentique, pour chacun des militaires qui feront partie
de l'embarquement, les noms, prénoms, ceux des père et
mère, le lieu de naissance, le département, l'âge, la date
de la première incorporation, le détail des services et l'époque à laquelle la libération devra avoir lieu.

*Dispositions spéciales pour l'Inspection générale des
Compagnies de discipline.*

Art. 173. Indépendamment des inspections qui seront
faites aux époques déterminées, par les officiers généraux
commandant les arrondissemens territoriaux dans lesquels

les compagnies de discipline sont stationnées, il en sera fait une inspection générale tous les ans, par les inspecteurs généraux d'infanterie dans l'arrondissement desquels elles seront placées.

Art. 174. L'inspection de ces compagnies aura lieu sous les mêmes rapports que celle des autres corps d'infanterie, et il devra être rendu compte du personnel et du matériel dans la même forme.

Art. 175. L'inspecteur général, après s'être fait représenter les diverses instructions sur le régime, la police et la discipline de ces compagnies, s'assurera qu'elles ont été suivies exactement, et que l'on a employé tous les moyens autorisés, pour atteindre le but de cette institution.

Art. 176. D'après l'examen qu'il aura fait des notes sur chaque homme, l'inspecteur général pourra proposer, soit le passage des fusiliers qui persisteraient à se mal conduire, dans la compagnie de pionniers, en se conformant, à cet égard, aux dispositions de l'article 9 de l'ordonnance du 1.er Avril 1818, qui prescrit l'avis préalable du conseil de discipline, soit l'admission des pionniers qui lui offriraient des garanties d'une meilleure conduite à l'avenir, dans la compagnie de fusiliers, soit enfin la réadmission des fusiliers qui lui paraîtront corrigés dans les corps de la ligne.

Art. 177. La composition du cadre des officiers, sous-officiers, et caporaux, devra appeler toute l'attention de l'inspecteur général. Il s'assurera qu'ils réunissent les conditions de conduite et de fermeté encore plus particulièrement nécessaires à l'emploi qui leur est confié. S'il s'en trouvait qui ne répondissent pas à son attente, il ferait remplacer les sous-officiers ou caporaux par d'autres, qu'il choisirait dans les corps soumis à son inspection, et rendrait compte au ministre des officiers qui ne lui paraîtraient pas susceptibles de continuer à être employés dans ces compagnies, afin qu'il fût pourvu à leur remplacement.

Art. 178. L'inspecteur général examinera avec grand soin les hommes qui lui seront présentés pour être réformés, et il ne leur délivrera des congés de réforme qu'après s'être convaincu qu'ils sont incapables de continuer à servir. Il ne portera également sur les états des hommes à libérer du service actif, que ceux qu'il jugera y avoir droit, d'après les obligations contractées à l'époque de leur admission au service, et en ayant égard à la durée de l'enrôlement, qui devra être la même que s'ils fussent restés dans les corps auxquels ils appartenaient avant leur envoi dans les compagnies de discipline.

Dans le doute, il ne les comprendra pas dans son travail, afin d'éviter que l'envoi dans ces compagnies ne puisse être considéré comme un moyen plus facile d'obtenir sa libération.

Art. 179. L'inspecteur général proposera les militaires faisant partie du cadre, pour des récompenses, d'après les règles fixées pour les corps d'infanterie. Mais il observera de ne point porter les officiers sur les tableaux d'avancement, l'ordonnance du 1.er Avril 1818 ayant déterminé un mode spécial pour les officiers de ces corps.

Art. 180. L'inspecteur général, après avoir comparé ce que les diverses instructions prescrivent sur le régime, la police et la discipline de ces compagnies, avec ce que les circonstances et les localités permettent, adressera, avec son travail, un rapport au ministre, dans lequel il consignera ses observations, ainsi que les améliorations dont il croirait ces objets susceptibles.

Fait à Paris, le 5 Juillet 1821.

Le Ministre Secrétaire d'état de la guerre,

Signé Marquis V. DE LA TOUR-MAUBOURG.

Pour ampliation :

L'Intendant militaire, Secrétaire général,

PERCEVAL.

TABLE.